Christine Adrian · Gerda Muller

Piek, das Igelkind

Ein Bilderbuch aus der Reihe
Kinder erleben Tiere

Dieses Buch gehört:

Piek, das Igelkind

Erzählt von Christine Adrian
Mit Bildern von Gerda Muller

Otto Maier Ravensburg

Heute ist für Anja der schönste Abend vom ganzen Sommer.
Denn heute ist ihr Geburtstag.
Das Kinderfest ist vorbei. Anja ist glücklich.

Sie sitzt mit den Eltern auf der Terrasse.
Sie schauen in den stillen Garten. Plötzlich bellt Wastl, der Dackel. Er hat einen Igel entdeckt.

Anja springt ins Haus und holt Handschuhe,
um den Igel anzufassen.
Doch der Vater meint, Igel haben immer schrecklich viele Flöhe. Die Mutter denkt nicht an Flöhe. Sie freut sich.
Ein Igel im Garten frißt große Mengen Schnecken,
Raupen und Käferlarven. Das ist gut für den Garten.
Anjas Freund Rolf will den Igel auch sehen.
Am nächsten Abend warten beide Kinder, ob er kommt.
Da schnauft und raschelt es. Und schon trippelt der Igel auf ein Loch im Zaun zu. Hinüber ins Rolfs Garten.
„Toll", schreit Rolf. „Jetzt haben wir beide den Igel."

Eines Tages räumt Anjas Vater einen großen Reisighaufen im Garten beiseite. Ganz tief drinnen findet er das Igelnest. Die Jungen sind noch blind.
Schnell deckt der Vater das Nest wieder zu und geht.

Aber die Igelmutter ist beunruhigt.
Eins nach dem anderen trägt sie die Jungen fort.
Ins Gartenhäuschen bringt sie ihre Kinder,
unter einen umgestülpten Korb.

Die Kinder platzen fast vor Neugier.
Aber sie gehen nicht ins Gartenhaus, schauen nicht unter den Korb. Denn sie wollen nicht,
daß die Igelmutter noch einmal auszieht.

Endlich, nach vielen Tagen, erscheint die Igelin eines Abends
mit ihrer ganzen Kinderschar.
Die Kleinen schnüffeln an allem herum. Beißen hinein.
Probieren, wie es schmeckt. Dabei paßt die Mutter genau auf.

Manchmal gibt sie einen kurzen Laut von sich. Das heißt:
Das dürft ihr nicht fressen!
Und sofort spucken die Igelchen alles aus
und rühren es nie wieder an.

Igelkinder spielen gerne. Sie knuffen und puffen.
Sie schnappen nach den Stacheln des anderen und schubsen sich.
Dabei fällt eines – platsch – in den Teich.
Das macht ihm nichts. Alle Igel können schwimmen.

Der Sommer ist vorbei.
Die Tage werden kürzer und kühler.
Die Igelfamilie hat es immer schwerer, satt zu werden.

Deshalb füttern Rolf und Anja die Tiere jeden Abend
im Garten. Mit viel Hackfleisch.
Mit etwas Quark oder Ei oder eingeweichtem Brötchen.

Eines Abends im Herbst kommt kein Igel mehr zum Futterteller.
Traurig suchen die Kinder die beiden Gärten ab.
Schließlich entdecken sie die Jungen.

Unter der Treppe zu Rolfs Haus schlafen sie tief im Blätterhaufen. Die Igelmutter fehlt.
Sie hat sich irgendwo ein warmes Winternest eingerichtet.
Sie schläft lieber allein.

Ein paar Tage später läuft doch wieder
ein Igelchen im Garten herum.
Die Kinder staunen: Am hellichten Tag schnüffelt der Kleine
zwischen welken Blättern und Pflanzen herum.

Aber er findet nichts.
Regenwürmer, Schnecken und Käfer haben sich längst verkrochen. Also nehmen die Kinder den hungrigen kleinen Kerl mit ins Haus. Sie nennen ihn Piek.

Anjas Mutter schickt die Kinder gleich zur Tierärztin.
Die untersucht Pick.
Pudert ihn gegen Flöhe ein
und gibt ihm eine Spritze gegen Lungenwürmer.
Sie erklärt den beiden, wie sie das Tier pflegen sollen.
Schließlich sagt sie noch:
„In zwei Tagen muß der Igel wieder eine Spritze bekommen.
Dann ist er ganz gesund.“

Anjas Mutter hat im Keller eine passende Kiste gefunden.
Die Kinder richten sie her. Sie setzen Piek hinein
und stellen die Kiste in eine stille, warme Ecke.
Jeden Abend kommt Rolf herüber, und sie bereiten das
Futter für ihr Pflegekind.

Abends, wenn Piek wach wird, darf er in der Küche laufen.
Zuerst streckt er sich und gähnt. Dann kratzt er sich.
Dann will er spielen: Er kämpft mit dem Besen,
er beißt in Rolfs Hosensaum.
Endlich findet er ein Staubtuch und will es wegschleppen.

4000
420
445
500
560
620
700
730
780

Am Sonntag wird Piek gewogen.
Er nimmt schnell zu. Als er kam, war er 400 Gramm leicht.
Jetzt wiegt er fast 800 Gramm.
Also ist er schwer genug für den Winterschlaf.
Die Igelkiste wird in den kühlen Keller getragen.
Jetzt kommt Piek nur noch selten aus seinem Haus.
Er frißt immer weniger.

Und eines Tages schläft er fest.
Vorsichtig nehmen die Kinder die Stachelkugel aus dem Stroh
und laufen zur Treppe.
Dort schieben sie Piek behutsam
zu seinen Geschwistern ins Winternest.

Endlich ist wieder Frühling.
Anja und Rolf lauern schon lange jeden Abend,
wann ›ihre‹ Igel aufwachen.

Und da kommen sie, einer nach dem anderen.
Alle sieben.
Wie stolz und glücklich sind die Kinder jetzt!

In den nächsten Wochen verschwinden die jungen Igel
nach und nach aus den Gärten, wo sie aufgewachsen sind.
Sie müssen sich eine neue Heimat suchen.
Denn ihre Mutter will das Revier wieder alleine bewohnen.
Schließlich werden im Mai wieder kleine Igelchen
zur Welt kommen.
Im Gartenhäuschen?
Unter der Treppe?
In Rolfs Garten?
Das werden Anja und Rolf dann sicher gleich merken.

Was du über Igel wissen solltest

Igel stehen das ganze Jahr über unter Naturschutz. Das heißt: du darfst sie nicht irgendwo mitnehmen, um sie im Garten „anzusiedeln“. Und du darfst sie weder im Garten noch im Haus im Käfig halten.

Das Gesetz erlaubt nur eine Ausnahme: Wenn ein Igel verletzt oder sonstwie hilfsbedürftig ist, kann man ihn mit nach Hause nehmen und gesundpflegen.

Wer Igel im Garten haben will, kann sie anlocken: mit einem Laub- und Reisighaufen, einem stillen Platz im Schuppen oder mit einem Komposthaufen voller Regenwürmer. Auch Löcher im Zaun können helfen. Denn ein Igelrevier ist viel größer als ein Garten.

Eigentlich überstehen alte wie junge Igel den Winter am besten draußen, an einem trockenen Platz. Den suchen sie sich am liebsten selbst und polstern ihn auch reichlich mit Gras und Laub.

Nur wenn ein junger Igel
– unter 750 Gramm wiegt
– Ende Oktober oder später am hellichten Tag herumläuft und nach Futter sucht, braucht er Hilfe.

Damit du aber auch Erfolg mit deiner Pflege hast, beherzige vor allem zwei Dinge:
Dein Igel darf *niemals* Kuhmilch bekommen.

Dein Igel braucht sofort eine Behandlung gegen Lungenwürmer beim Tierarzt oder Tierschutzverein. (Die Lungenwürmer sind für Menschen *nicht* ansteckend.)

Christine Adrian ist Biologin. Sie lebt in Starnberg und hat viele Jahre wissenschaftlich und praktisch am Max-Planck-Institut für Verhaltensforschung in Seewies gearbeitet.
Seit frühester Jugend hat sie sich mit der Aufzucht und Pflege von Tieren beschäftigt.
In der von ihr entwickelten Reihe *Kinder erleben Tiere* werden auf einfache und spannende Art Erlebnisgeschichten von Kindern mit Tieren aus unserer Umgebung erzählt.

Gerda Muller wurde in Holland geboren und lebt seit über 20 Jahren in Paris. Sie ist eine der bekanntesten Kinderbuchillustratorinnen in Frankreich und hat dort viele Kinderbücher illustriert.
Für unser Bilderbuchprogramm hat sie „Ein Halsband für Karamel", „Ein Garten für Kinder in der Stadt" und „Ich bin das kleine Kaninchen" illustriert.

13 12 11 10 95 94 93 92

Redaktion: Gisela Stottele
Printed in Italy
ISBN 3-473-33875-3

In der Reihe *Kinder erleben Tiere* sind erschienen:

Muller
Ein Halsband für Karamel

Adrian/Kunstreich
Muck, das Eichhörnchen

Adrian/Schmidt
Mulle und ihre Kinder

Adrian/Kunstreich
Ein Nest im Schilf

Adrian/H. Muller
Auf dem Ponyhof

Adrian/Heinsohn
Das Rehkitz

Adrian/Kunstreich
Das Robbenkind

Adrian/Schmitt
Der geschenkte Hase

Adrian/Rübel
Der Wellensittich

Adrian/Muller
Das Meerschweinchen

Adrian/Ross
Zwei kleine Enten

Adrian/Kunstreich
Die Bienen